Meditaciones para la Salud,

la Riqueza y el Amor

JOSEPH MURPHY

Meditaciones para la Salud, la Riqueza y el Amor

EDICIONES OBELISCO

Si este libro le ha interesado y desea que lo mantengamos informado de nuestras publicaciones, escríbanos indicándonos qué temas son de su interés (Astrología, Autoayuda, Ciencias Ocultas, Artes Marciales, Naturismo, Espiritualidad, Tradición...) y gustosamente lo complaceremos.

Puede consultar nuestro catálogo en www.edicionesobelisco.com

Colección Psicología

MEDITACIONES PARA LA SALUD,
LA RIQUEZA Y EL AMOR

Joseph Murphy

1.ª edición: abril de 2008

Título original: *Special Meditations for Health, Wealth, Love, and Expression*

Traducción: *Liliana Mabel Resnik*
Maquetación: *Natàlia Campillo*
Corrección: *José Neira*
Diseño de cubierta: *Marta Rovira*

© 1952, Joseph Murphy
(Reservados todos los derechos)
© 2008, Ediciones Obelisco, S.L.
(Reservados los derechos para la presente edición)

Edita: Ediciones Obelisco S. L.
Pere IV, 78 (Edif. Pedro IV) 3.ª planta 5.ª puerta.
08005 Barcelona - España
Tel. 93 309 85 25 - Fax 93 309 85 23
E-mail: obelisco@edicionesobelisco.com

Paracas, 59 C1275AFA Buenos Aires - Argentina
Tel. (541-14) 305 06 33 - Fax: (541-14) 304 78 20

ISBN: 978-84-9777-452-9
Depósito Legal: B-12.464-2008

Printed in Spain

Impreso en España en los talleres gráficos de Romanyà/Valls S. A.
Verdaguer, 1 - 08786 Capellades (Barcelona)

Conciencia de la salud

Cómo aplicar el principio de sanación

Plegaria para la salud

Utilización de Sus Vestiduras

La mente silenciosa

Aplomo mental

La paz de Dios

El regalo de Dios

Control de mis emociones

Superación del miedo

El templo sagrado

Cómo aplicar el principio de sanación

«Yo haré que tengas alivio y te sanaré de tus heridas, dice Jehová.» El Dios dentro de mí tiene posibilidades ilimitadas. Sé que con Dios todo es posible. Creo esto y lo acepto de todo corazón en este momento. Sé que el poder Divino dentro de mí transforma en luz la oscuridad y rectifica lo que está desviado. Ahora me elevo en la consciencia al contemplar que Dios habita dentro de mí.

En este momento pronuncio las palabras que sirven para sanar la mente, el cuerpo y solucionar mis asuntos; sé que este Principio interior responde a mi fe y mi confianza. «El Padre hace las obras.» Ahora estoy en contacto con la vida, el amor, la verdad y la belleza dentro de mí y me alineo con el Principio Infinito del Amor y la Vida en mi interior. Sé que la armonía, la salud y la paz se expresan ahora en mi cuerpo.

A medida que vivo, me muevo y actúo con la suposición de que mi salud es perfecta, esto se vuelve real. Ahora imagino y siento la realidad de mi cuerpo perfecto. Me encuentro invadido por una sensación de paz y bienestar. Gracias, Padre.

Plegaria para la salud

Jesús dijo: «Tu fe te ha salvado».

Creo positivamente en el Poder Sanador de Dios dentro de mí. Mi mente consciente y subconsciente están en perfecto acuerdo. Acepto la declaración de la verdad, la cual afirmo con seguridad. Las palabras que pronuncio son del espíritu y son verdaderas.

Decreto ahora que el Poder Sanador de Dios transforma todo mi cuerpo, me hace completo, me purifica y perfecciona. Creo con una certeza interna y profunda que mi plegaria de fe se manifiesta en este momento. Me guía la Sabiduría Divina en todos los aspectos de la vida. El Amor de Dios fluye como belleza y gracia trascendente hacia mi mente y mi cuerpo y los transforma, los sana y da energía a cada átomo de mi ser. Siento la paz que sobrepasa el entendimiento. La Gloria de Dios me rodea y descanso para siempre en sus Brazos Eternos.

Utilización de Sus Vestiduras

Encontré a Dios en el Santuario de mi propia alma. Dios es la Vida; la cual es mi vida. Sé que Él no es un cuerpo; no tiene forma, ni tiempo, ni edad. Lo contemplo con los ojos de mi mente. A través del entendimiento, Lo veo y considero de la misma forma en que veo la respuesta a un problema matemático.

Ahora me vuelvo consciente de la paz, el aplomo y el poder. Esta sensación de paz, dicha y buena voluntad dentro de mí es en realidad el Espíritu de Dios que se mueve en mi interior; es Dios en acción, Todopoderoso. Las cosas externas no poseen el poder para lastimarme; el único poder reside en mi propia mente y consciencia.

Mi cuerpo es la vestidura de Dios. El Espíritu Viviente Todopoderoso está dentro de mí; es absolutamente puro, sagrado y perfecto. Sé que este Espíritu Santo es Dios y que fluye en este momento a través de mí, me sana y hace que mi cuerpo sea íntegro, puro y perfecto. Tengo completo poder sobre mi cuerpo y mi mundo.

Mis pensamientos de paz, poder y salud poseen el Poder de Dios para hacerse realidad dentro de mí en este momento. «Bienaventurados los limpios de corazón, porque ellos verán a Dios.» He visto y he sentido Su Presencia Divina; es maravillosa.

el centro de mi ser. Dios es Paz, la cual me
r... ...us Brazos en este momento. Hay una profunda
sensa... de seguridad, vitalidad y fuerza subyacente a esta
paz. Esta sensación interna en la que habito ahora es la Presencia Silenciosa y Meditativa de Dios. El Amor y la Luz Divinos me cuidan, igual que una madre lo hace con su hijo que duerme. En lo profundo de mi corazón está la Presencia Divina, que es mi paz, mi fuerza y mi fuente de provisiones.

Todo el temor se ha desvanecido. Veo a Dios en todas las personas, lo veo manifestarse en todo. Soy instrumento de su Presencia Divina. Ahora libero esta paz interna; fluye por todo mi ser y diluye todos mis problemas; ésta es la paz que va más allá del entendimiento.

Aplomo mental

«¿Adónde me iré de tu espíritu? ¿Y adónde huiré de tu presencia? Si subiere a los cielos, allí estás tú. Y si en abismo hiciere mi estrado, allí tú estás. Si tomare las alas del alba y habitare en el extremo del mar, aun allí me guiará tu mano y me asirá tu diestra.» Ahora me invade un entusiasmo Divino, porque estoy en la Presencia del Poder Total, la Sabiduría, la Majestad y el Amor.

La luz de Dios ilumina mi intelecto; mi mente está en completo estado de aplomo, balance y equilibrio. Existe un ajuste mental perfecto para con todo. Estoy en paz con mis propios pensamientos. Me regocijo en mi trabajo; me da alegría y dicha. Recurro continuamente a mis Provisiones Divinas, ya que son la única Presencia y Poder. Mi mente es la mente de Dios; estoy en paz.

La paz de Dios

Todo es paz y armonía en mi mundo, ya que el Dios dentro de mí es «El Señor de la Paz». Soy la consciencia de Dios en acción y siempre estoy en paz. Mi mente está calma, serena y aplomada. En esta atmósfera de paz y buena voluntad que me rodea, siento una fuerza permanente y profunda así como libertad de todo temor. Siento en este momento el amor y la belleza de Su Santa Presencia. Día a día soy más consciente del Amor de Dios; todo lo falso cae. Veo a Dios personificado en todas las personas. Sé que a medida que permito que esta paz interna fluya a través de mi ser, todos los problemas se resuelven. Habito en Dios; por lo tanto, descanso en los brazos eternos de la paz. Mi vida es la vida de Dios. Mi paz es la profunda e inalterable paz de Dios; «Es la paz de Dios que sobrepasa todo entendimiento.»

El regalo de Dios

«El corazón alegre hermosea el rostro.» El espíritu del To-dopoderoso impregna cada átomo de mi ser; me hace íntegro, dichoso y perfecto. Sé que todas las funciones de mi cuerpo responden a esta dicha interna que brota dentro de mí. Ahora abro el regalo de Dios en mi interior; me siento maravilloso. El aceite de la dicha y la iluminación unge mi intelecto y alimenta la luz que ilumina mis pasos.

En este momento estoy perfectamente adaptado en lo emocional; hay un equilibrio perfecto que funciona en mi mente, en mi cuerpo y en mis asuntos. Decido, a partir de este momento, expresar paz y felicidad a cada persona que encuentre. Sé que mi felicidad y mi paz vienen de Dios; a medida que derramo sobre otros Su luz, amor y verdad, también me bendigo y me sano a mí mismo de maneras infinitas. Irradio la luz solar del Amor de Dios hacia toda la humanidad. Su Luz brilla a través de mí e ilumina mi camino. Estoy decidido a expresar paz, dicha y felicidad.

Control de mis emociones

Cuando un pensamiento negativo de miedo, celos o resentimiento entra en mi mente, lo suplanto con otro sobre Dios. Mis pensamientos son los de Dios y el Poder Divino se encuentra con mis pensamientos sobre el bien. Sé que tengo total dominio sobre lo que pienso y sobre mis emociones. Soy un canal de lo Divino. Ahora redirijo todos mis sentimientos y emociones hacia vías armoniosas y constructivas. «Todos los hijos de Dios gritaron de alegría.» Ahora me regocijo al aceptar las ideas de Dios, que son paz, armonía y buena voluntad y me deleito en expresarlas, lo cual sana toda discordia en mi interior. Sólo las ideas de Dios entran en mi mente y me traen armonía, salud y paz.

Dios es Amor. El Amor Perfecto expulsa el miedo, el resentimiento y todos los estados negativos. Ahora me enamoro de la verdad. Deseo para todos los hombres lo mismo que deseo para mí mismo; irradio amor, paz y buena voluntad para todos. Estoy en paz.

Superación del miedo

No existe el miedo, ya que «el Amor perfecto expulsa el miedo». Hoy permito que el Amor me mantenga en perfecta armonía y paz con todos los niveles de mi mundo. Mis pensamientos son amorosos, amables y armoniosos. Siento mi unidad con Dios, ya que «vivo, me muevo y soy en Él».

Sé que todos mis deseos se harán realidad en el orden perfecto. Confío en la Ley Divina dentro de mí para que se realicen mis ideales. «El Padre hace las obras.» Soy divino, espiritual, feliz y no tengo miedo en absoluto. Ahora me rodea la perfecta paz de Dios; es «La paz de Dios que sobrepasa todo entendimiento». Pongo ahora toda mi atención en lo que deseo. Amo este deseo y le doy mi atención con todo mi corazón.

Mi espíritu se eleva con confianza y paz; es el espíritu de Dios que se mueve dentro de mí. Me da una sensación de paz, seguridad y descanso. En verdad, «el Amor perfecto expulsa el miedo».

El templo sagrado

«Plantados en la casa de Jehová, en los atrios de nuestro Dios florecerán.» Estoy tranquilo y en paz. Mi corazón y mi mente están motivados por el espíritu de la bondad, la verdad y la belleza. Mi pensamiento está ahora en la Presencia Divina dentro de mí, lo cual tranquiliza mi mente.

Sé que la forma de la creación es Espíritu que se mueve sobre Sí Mismo. Mi Verdadero Ser se mueve ahora hacia ese Sí Mismo y dentro de Él, y crea paz, armonía y salud en mi cuerpo y en mis asuntos. Soy Divino en mi ser más profundo. Sé que soy hijo de un Dios viviente; puedo crear de la misma forma en la que Dios crea, por medio de la autocontemplación del espíritu. Sé que mi cuerpo no se mueve por sí mismo, sino que actúa según mis pensamientos y emociones.

Ahora le ordeno a mi cuerpo: «Estate calmo y tranquilo». Debo obedecer. Comprendo esto y sé que es una Ley Divina. Aparto mi atención del mundo físico; me regocijo en la Casa de Dios que está en mi interior. Medito y me regocijo en la armonía, la salud, la paz; todo lo cual viene de la Esencia Divina dentro de mí. Estoy en paz. Mi cuerpo es templo del Dios Viviente. «Dios está en Su Templo Sagrado; que toda la tierra guarde silencio ante Él.»

El amor, la personalidad,
las relaciones humanas y familiares

El mensaje de Dios

Renacimiento espiritual

El amor libera

El lugar secreto

Superación del enojo

Plegaria de gratitud

Cómo atraer al esposo ideal

Cómo atraer a la esposa ideal

Libertad Divina

Plegaria para la paz del mundo

El mensaje de Dios

«Todos vosotros sois hermanos, ya que uno es su padre.» Siempre traigo armonía, paz y dicha a cada situación y a todas mis relaciones personales. Sé, creo y afirmo que la paz de Dios reina suprema en la mente y el corazón de todos en mi hogar y en mis negocios. Sin importar cuál sea el problema, siempre mantengo la paz, el aplomo, la paciencia y el buen juicio. En este momento perdono por completo y abiertamente a todos, sin importar lo que puedan haber dicho o hecho. Pongo todas mis cargas en el Dios que hay dentro de mí; me libero, es una sensación maravillosa. Sé que me llegan bendiciones a medida que perdono.

Veo al ángel de la Presencia de Dios detrás de cada problema o situación difícil. Sé que la solución está ahí y que todo funciona con un orden Divino. Confío sin reservas en Su Presencia, que tiene el *saber cómo* del éxito. El Orden y la Sabiduría Absolutos del Cielo actúan ahora, a través de mí, y lo hacen en todo momento. Sé que el orden es la primera ley del Cielo.

En este momento mi mente está fija en la armonía perfecta, con felicidad y expectativa. Sé que el resultado es la solución perfecta e inevitable; mi respuesta es la respuesta de Dios; es Divina, ya que es la melodía de Su mensaje.

Renacimiento espiritual

¡Hoy renazco espiritualmente! Me desapego completamente de la antigua forma de pensar y traigo en forma definitiva amor Divino, luz y verdad a mi experiencia. Conscientemente siento amor por todas las personas que conozco. En mi mente les digo a cada uno de los que contacto: «Veo el Dios en ti y sé que tú ves el Dios en mí». Reconozco las cualidades de Dios en todos. Practico esto mañana, tarde y noche; es una parte viva de mí.

Ahora renazco espiritualmente, ya que todo el día practico la presencia de Dios. Sin importar lo que haga: si camino por la calle, estoy de compras o me encargo de mis asuntos cotidianos, cuando sea que mi pensamiento se aleja de Dios o lo Bueno, lo traigo de regreso hacia la contemplación de Su Sagrada Presencia. Me siento noble, digno y semejante a Dios. Camino con buen ánimo y siento mi unidad con Él. Su paz invade mi alma.

El amor libera

Dios es Amor y Dios es Vida, la cual es única e indivisible, se manifiesta a Sí Misma en y a través de toda la gente; está en el centro de mi propio ser.

Sé que la luz disipa la oscuridad; de la misma forma el amor por lo bueno supera todo lo malo. Mi conocimiento del poder del Amor en este momento supera todos los estados negativos. El amor y el odio no pueden cohabitar. Ahora enciendo la Luz de Dios sobre todos los pensamientos ansiosos o temerosos de mi mente y éstos se escapan. El amanecer (luz de verdad) aparece, y las sombras (miedo y duda) escapan.

Sé que el Amor Divino me protege, me guía y me allana el camino. Me expando hacia lo Divino. Ahora expreso a Dios en todos mis pensamientos, palabras y acciones; la naturaleza de Dios es Amor. Sé que «el Amor perfecto expulsa el miedo».

El lugar secreto

«El que habita al abrigo del Altísimo, morará bajo la sombra del Omnipotente.»

Habito al abrigo del Altísimo, que es mi propia mente. Todos los pensamientos de los que me ocupo lo son conforme a la armonía, la paz y la buena voluntad. Mi mente es el lugar donde habitan la felicidad, la alegría y una profunda sensación de seguridad. Todos los pensamientos que entran en mi cabeza contribuyen a mi dicha, mi paz y mi bien en general. Vivo, me muevo y soy en una atmósfera de buena camaradería, amor y unidad.

Todas las personas que habitan en mi mente son hijos de Dios. En mi mente estoy en paz con todos los miembros de mi hogar y con toda la humanidad. El mismo bien que deseo para mí lo deseo para todos los hombres. Ahora vivo en la casa de Dios. Declaro la paz y la felicidad, ya que sé que habito por siempre en la casa del Señor.

Superación del enojo

«*El que* tarde se aíra *es* grande de entendimiento; más *el corto* de espíritu engrandece el desatino.» Siempre estoy calmo, sereno y aplomado. La paz de Dios inunda mi mente y todo mi ser. Practico la Regla de Oro y deseo sinceramente paz y buena voluntad para todos los hombres.

Sé que el amor hacia todo lo bueno penetra mi mente y expulsa todo temor. Ahora vivo en la dichosa expectativa de lo mejor. Mi mente está libre de todo miedo y duda. Mis palabras de verdad disuelven ahora cada pensamiento y emoción negativos dentro de mí. Perdono a todos; abro la entrada de mi corazón a la Presencia de Dios. Mi ser completo se inunda de la luz y el entendimiento interior.

Las pequeñeces de la vida ya no me irritan. Cuando el miedo, la preocupación o la duda golpean a mi puerta, la fe en la bondad, la verdad y la belleza la abren y no hay nadie allí. Realmente, Señor, eres mi Dios y no existe nadie más.

Plegaria de gratitud

«Alabad a Jehová, invocad su nombre: dad a conocer sus obras en los pueblos. Cantadle, cantadle salmos: Hablad de todas sus maravillas. Gloriaos en su santo nombre: Alégrese el corazón de los que buscan a Jehová.»

Doy gracias sincera y humildemente por toda la bondad, la verdad y la belleza que fluyen a través de mí. Tengo un corazón animado y agradecido por todo lo bueno que ha llegado a mi mente, a mi cuerpo y a mis asuntos. Irradio amor y buena voluntad a toda la humanidad. Los elevo en mi pensamiento y sentimiento. Siempre demuestro mi gratitud y doy gracias por todas mis bendiciones. Mi corazón agradecido se unifica con mi mente en íntima comunión con el Poder Creativo del Cosmos. Mi estado mental de gratitud y exaltación me dirige a los caminos por los cuales llega todo lo bueno.

«Entrad por sus puertas con reconocimiento, por sus atrios con alabanza: Alabadle, bendecid su nombre.»

Cómo atraer al esposo ideal

Sé que soy uno con Dios en este momento. En Él me muevo, vivo y soy. Dios es Vida; dicha vida es la de todos los hombres y mujeres. Somos todos hijos e hijas de un Padre.

Sé y creo que hay un hombre que me espera para amarme y apreciarme. Sé que puedo contribuir a su felicidad y a su paz. Él ama mis ideales y yo amo los suyos. No desea cambiarme y tampoco deseo cambiarlo. Hay amor, libertad y respeto mutuos.

Existe una sola mente; ahora conozco a mi esposo en dicha mente. En este momento me uno con las cualidades y atributos que admiro y quiero que se expresen en él. Soy uno con ellos en mi mente. Ya nos conocemos y nos amamos en la Mente Divina. Veo al Dios en él y él lo ve en mí. Una vez conocido en el *interior*, lo debo conocer en el *exterior;* ya que ésta es la ley de mi propia mente.

Estas palabras salen y llegan a donde se las envía. Ahora sé que esto está hecho, acabado y logrado en Dios. Gracias, Padre.

Cómo atraer a la esposa ideal

Dios es uno e indivisible. En Él vivimos, nos movemos y somos. Sé y creo que Dios habita en cada persona; soy uno con Dios y con todas las personas. Ahora atraigo a la mujer correcta que está en completa armonía conmigo. Es una unión espiritual, porque es el espíritu de Dios el que funciona a través de la personalidad de alguien con quien combino perfectamente. Sé que a esta mujer puedo darle amor, luz y verdad. Sé que puedo hacer que su vida sea plena, completa y maravillosa.

Ahora decreto que ella posee las siguientes cualidades y atributos: es espiritual, leal, fiel y verdadera. Está en armonía, es pacífica y alegre. Nos atraemos irresistiblemente el uno al otro. Sólo aquello que pertenece al amor, la verdad y la plenitud puede entrar en mi experiencia. Acepto ahora a mi compañera ideal.

Libertad divina

«Si vosotros permaneciereis en mi palabra, seréis verdaderamente mis discípulos; y conoceréis la verdad y la verdad os hará libres.» Conozco la verdad, y la verdad es que la realización de mi deseo me liberará de toda sensación de esclavitud. Acepto mi libertad; sé que ésta ya está establecida en el Reino de Dios.

Sé que todo en mi mundo es proyección de mis actitudes internas. Transformo mi mente al meditar en aquello que es verdadero, amoroso, noble y semejante a Dios. Ahora me contemplo como si poseyera todo lo bueno de la Vida, como paz, armonía, salud y felicidad.

Mi contemplación crece hasta la aceptación; apruebo totalmente los deseos de mi corazón. Dios es la única Presencia. Expreso la plenitud de Dios en este momento. ¡Soy libre! Hay paz en mi hogar, en mi corazón y en todos mis asuntos.

Plegaria para la paz del mundo

La paz comienza conmigo. La paz de Dios invade mi mente; el espíritu de la buena voluntad parte de mí hacia toda la humanidad. Dios está en todas partes e invade los corazones de todos los hombres. En la verdad absoluta, todas las personas son ahora espiritualmente perfectas; expresan las cualidades y los atributos de Dios, que son el Amor, la Luz, la Verdad y la Belleza.

No hay naciones separadas. Todos los hombres pertenecen a un único país: el País Único, que es el de Dios. Un país es un lugar en donde se habita; yo habito en el Lugar Secreto del Altísimo; camino y hablo con Dios, así como todos los hombres de todas partes. Existe sólo Una Divina Familia, y es la humanidad.

No existen fronteras ni barreras entre naciones, porque Dios es Uno, es Indivisible, no se lo puede dividir en contra de Sí Mismo. Su amor impregna los corazones de todos los hombres por todas partes. Su sabiduría guía y gobierna a la nación; Él inspira a nuestros líderes y a los de todos los países para que se haga Su voluntad y sólo Su voluntad. La paz de Dios que sobrepasa todo entendimiento invade mi mente y las de todos los hombres a través del cosmos. Gracias, Padre, por Tu paz; está hecho.

Expresión

Predicción de mi futuro

«Le hiciste señor de las obras de tus manos.» Sé que mi fe en Dios determina mi futuro. Mi fe en Él significa mi fe en todo lo bueno. Ahora me aúno con ideas verdaderas y sé que el futuro será a imagen y semejanza de mi habitual forma de pensar. «Cual es su pensamiento en su alma, tal es él.» A partir de este momento, mis pensamientos están puestos en «todo lo que es verdadero, todo lo que es honesto, todo lo que es justo, todo lo que es amable, todo lo que es de buen nombre»; día y noche medito sobre esto y sé que estas semillas (pensamientos) en las que habitualmente pienso se convertirán en una buena cosecha para mí. Soy el capitán de mi propia alma; soy el amo de mi destino; ya que mi pensamiento y mi sentimiento son mi destino.

Mi destino

Sé que moldeo y creo mi propio destino. Mi fe en Dios es mi destino, lo cual significa una fe permanente en todo lo bueno. Vivo en la dichosa expectativa de lo mejor, sólo lo mejor me llega. Conozco la cosecha que recogeré en el futuro, porque todos mis pensamientos son los de Dios, y Él está con esos pensamientos de bien. Ellos son las semillas de la bondad, la verdad y la belleza. Ahora coloco mis pensamientos de amor, paz, dicha, éxito y buena voluntad en el jardín de mi mente. Éste es el jardín de Dios y producirá una cosecha abundante. La gloria y la belleza de Dios se expresarán en mi vida. A partir de este momento, expreso vida, amor y verdad. Soy inmensamente feliz y próspero en todos los sentidos. Gracias, Padre.

Impregnación de la mente subconsciente

El primer paso en la aceptación mental de tu idea es relajarte, inmovilizar la atención, estar tranquilo y en silencio. Esta actitud mental silenciosa, relajada y tranquila evita que materia extraña e ideas falsas interfieran en la absorción mental de tu ideal; además, en la actitud mental silenciosa, pasiva y receptiva, el esfuerzo se reduce al mínimo. De esta forma relajada, afirma lenta y tranquilamente, varias veces al día, lo siguiente:

«La perfección de Dios se expresa ahora a través de mí. La idea de la salud invade ahora mi mente subconsciente. La imagen que Dios tiene de mí es perfecta y mi mente subconsciente recrea mi cuerpo en perfecta armonía con la imagen perfecta que hay en Su mente.»

Ésta es una manera simple y fácil de comunicar la idea de salud perfecta a tu mente subconsciente.

La mente equilibrada

«Tú guardarás en completa paz a aquel cuyo pensamiento en ti persevera, porque en ti ha confiado.» Sé que los deseos internos de mi corazón provienen del Dios que hay dentro de mí. Él quiere que yo sea feliz. La voluntad de Dios para mí es vida, amor, verdad y belleza. En este momento acepto mentalmente mi propio bien y me convierto en un canal perfecto para lo Divino.

Llego hasta Su Presencia cantando; entro en Su corte con alabanzas; estoy feliz y contento, tranquilo y aplomado.

La Pequeña Voz Tranquila me susurra al oído y me revela la respuesta perfecta. Soy una expresión de Dios. Estoy siempre en mi lugar verdadero y hago lo que me encanta hacer. Me rehúso a aceptar las opiniones de los hombres como verdad. Ahora me vuelvo hacia mi interior y siento el ritmo de lo Divino. Escucho la melodía de Dios que me susurra su mensaje de amor.

Mi mente es la mente de Dios y siempre reflejo la sabiduría y la inteligencia Divina. Mi cerebro simboliza mi capacidad para pensar de manera sabia y espiritual. Las ideas de Dios se despliegan en mi mente en una secuencia perfecta. Todo el tiempo estoy aplomado, equilibrado, calmo y sereno, porque sé que Dios siempre me revelará la solución perfecta para todas mis necesidades.

La palabra creativa

«Sed hacedores de la palabra, y no tan solamente oidores engañándoos a vosotros mismos.» Mi palabra creativa es mi convicción silenciosa de que mi plegaria recibe respuesta. Cuando pronuncio las palabras para sanar, tener éxito o prosperar, las mismas se repiten en la consciencia de Vida y Poder y sé que lo que pido ya está hecho. Mi palabra tiene poder porque es una con la Omnipotencia. Lo que pronuncio es siempre constructivo y creativo. Cuando rezo, lo que digo está lleno de vida, amor y sentimiento; esto hace que mis afirmaciones, pensamientos y palabras sean creativos. Sé que cuanto mayor es la fe que hay detrás de lo dicho mayor es el poder que posee. Las palabras que utilizo crean un molde definitivo, que determina la forma que tomará mi pensamiento. En este momento la Inteligencia Divina opera a través de mí y me revela lo que necesito saber. Ahora tengo la respuesta y estoy en paz. Dios es Paz.

La plegaria científica

«Antes de que llamen, contestaré; y mientras aún hablen, escucharé.»

Cuando rezo, apelo al Padre, al Hijo y al Espíritu Santo: el Padre es mi propia consciencia; el Hijo es mi deseo; el Espíritu Santo es la sensación de ser lo que deseo ser.

Ahora aparto mi atención del problema, cualquiera que éste sea. Mi mente y mi corazón están abiertos al influjo del Altísimo.

Sé que el reino de Dios está dentro de mí. Siento, entiendo y sé que mi propia vida, mi consciencia de ser, mi propia Existencia es el Espíritu Viviente Todopoderoso. Ahora reconozco al Único que Existe Por Siempre; la Luz de Dios ilumina mi sendero; lo Divino me inspira y me dirige en todos los sentidos.

Ahora comienzo a rezar de manera científica, para que mi deseo se manifieste al afirmar y sentir que soy y que tengo lo que deseo ser y tener. Camino en el silencioso conocimiento interno del alma, ya que sé que mi plegaria ya ha recibido respuesta, porque siento su realidad en mi corazón. Gracias, Padre; ¡está hecho!

La respuesta Divina

Sé que la respuesta a mi problema yace en el Dios dentro de mí. Ahora me tranquilizo, me relajo y permanezco en silencio. Estoy en paz. Sé que Dios habla en la paz y no en la confusión. Ahora estoy en sintonía con el Infinito; sé y creo incondicionalmente que la Inteligencia Infinita me revela la respuesta perfecta. Pienso acerca de la solución a mis problemas. Ahora vivo como si mi problema estuviese resuelto. En verdad vivo en esta permanente fe y confianza en la solución; éste es el espíritu de Dios que se mueve dentro de mí. Este Espíritu es Omnipotente; se manifiesta a Sí Mismo; todo mi ser se regocija en la solución; estoy contento. Vivo con esta sensación y doy gracias.

Sé que Dios tiene la solución y que con Él todo es posible. Dios es el Espíritu Viviente Todopoderoso que hay dentro de mí, es la fuente de toda sabiduría e iluminación.

El indicador de la Presencia de Dios dentro de mí es una sensación de paz y aplomo. Ahora detengo toda sensación de esfuerzo o lucha, confío en el Poder de Dios incondicionalmente. Sé que toda la Sabiduría y el Poder que necesito para vivir una vida gloriosa y exitosa están dentro de mí. Relajo todo mi cuerpo; mi fe está en Su Sabiduría; me libero. Afirmo y siento que la paz de Dios invade mi mente, mi corazón y todo mi ser. Sé que la mente tranquila resuelve los problemas. Ahora entrego mi petición a la Presencia de Dios y sé que Él tiene la respuesta. Estoy en paz.

Plegaria para tus negocios

Ahora medito en la Omnipresencia y Omniacción de Dios. Sé que esta Sabiduría Infinita guía a los planetas en su curso. Sé que esta misma Inteligencia Divina guía y dirige todos mis asuntos. Creo y afirmo que el entendimiento Divino me pertenece todo el tiempo. Sé que todas mis actividades están controladas por esta Presencia que mora en mi interior. Todos mis motivos son verdaderos, como Dios los desea. Expreso siempre Su sabiduría, Su verdad y Su belleza. El que Todo lo Conoce dentro de mí sabe qué hacer y cómo hacerlo. El amor de Dios guía, controla y dirige mi negocio o profesión. La guía Divina me pertenece. Conozco la respuesta de Dios porque mi mente está en paz. Descanso en los Brazos Eternos.

La acción correcta

Irradio buena voluntad hacia toda la humanidad en pensamientos, palabras y acciones. Sé que la paz y la buena voluntad que irradio a cada hombre vuelven a mí multiplicadas. Todo lo que tengo que saber me llega desde el Ser Divino interno. La Inteligencia Infinita opera a través de mí y me revela lo que tengo que saber. Sólo el Dios dentro de mí conoce la respuesta. Ahora se me hace saber la respuesta perfecta. La Inteligencia Infinita y la Sabiduría Divina deciden a través de mí y existe sólo una acción y expresión correcta en mi vida. Todas las noches me envuelvo en el Manto del Amor de Dios y me duermo sabiendo que la Guía Divina me pertenece. Cuando amanece, me invade la paz. Salgo al nuevo día pleno de fe y confianza. Gracias, Padre.

La resurrección de mi deseo

Mi deseo de salud, armonía, paz, abundancia y seguridad es la voz de Dios que me habla. Elijo en forma definitiva ser feliz y exitoso. Me guían en todos los sentidos. Abro mi mente y mi corazón al influjo del Espíritu Santo; estoy en paz. Atraigo gente exitosa y feliz a mi experiencia. Sólo reconozco la Presencia y el Poder de Dios dentro de mí.

La Luz de Dios brilla a través de mí y desde mí hacia todo lo que me rodea. La emanación de Su Amor fluye desde mí; es una irradiación sanadora para todos los que llegan a mi presencia.

Asumo ahora el sentimiento de ser lo que deseo ser. Sé que la forma de resucitar mi deseo es permanecer fiel a mi ideal y saber que el Poder Todopoderoso está funcionando en mi nombre. Vivo con este ánimo de fe y confianza; doy gracias porque está hecho; ya que se estableció en Dios y todo está bien.

El logro de mi objetivo

«Reconócelo en todos tus caminos y él enderezará tus veredas.» Mi conocimiento de Dios y de la forma en que trabaja crece a pasos agigantados. Controlo y dirijo todas mis emociones hacia canales pacíficos y constructivos. El Amor Divino invade todos mis pensamientos, palabras y acciones. Mi mente está en paz; estoy en paz con todos los hombres. Siempre estoy relajado y cómodo. Sé que estoy aquí para expresar completamente a Dios en todos los sentidos. Creo sin reservas en la guía del Espíritu Santo interior. Esta Inteligencia Infinita dentro de mí me revela ahora el plan perfecto de expresión; voy hacia él con dicha y confianza. El objetivo y la meta que tengo en mente son buenos, muy buenos. Sin duda planté en mi mente lo necesario para la realización. El Poder Todopoderoso ahora se mueve a mi favor. Él es la Luz en mi sendero.

Problemas de negocios

Sé y creo que mis negocios son cuestiones de Dios: Él es mi socio en todos mis asuntos; esto significa para mí que Su luz, amor, verdad e inspiración llenan mi mente y corazón en todos los sentidos. Resuelvo todos mis problemas al poner mi total confianza en el Poder Divino dentro de mí. Sé que su Presencia sustenta todo. Ahora descanso con seguridad y paz. Hoy estoy rodeado de entendimiento perfecto; existe una solución Divina a todos mis problemas. Sin duda comprendo a todos y todos me comprenden. Sé que todas mis relaciones de negocios están de acuerdo con la Ley Divina de Armonía. Sé que Dios habita en todos mis clientes. Trabajo con otros en armonía, para que la felicidad, la prosperidad y la paz reinen supremas.

Principios para los negocios

Mis negocios son asunto de Dios. Siempre cumplo con las tareas del Padre, que son irradiar Vida, Amor y Verdad para toda la humanidad. Ahora me expreso por completo; ofrezco mis talentos fantásticamente y se me compensa de forma Divina.

Dios hace prosperar de forma maravillosa de mi negocio, mi profesión o mi actividad. Afirmo que todos los que están en mi organización son vínculos espirituales para el crecimiento, bienestar y prosperidad de la misma; sé esto, lo creo y me regocijo en que es así. Todos los que están conectados conmigo prosperan de manera Divina y la Luz los ilumina.

La Luz que alumbró a cada hombre que llegó al mundo me guía y me dirige en todos los sentidos. La sabiduría de Dios controla todas mis decisiones. La Inteligencia Infinita revela las mejores maneras en que puedo servir a la humanidad. Descanso para siempre en el Señor.

Cómo resolver tus problemas

«Os digo que todo lo que orando pidiereis, creed que lo recibiréis y lo tendréis.» Sé que un problema tiene la solución dentro de sí en forma de deseo. La realización de mi deseo es buena, muy buena. Sé y creo que el Poder Creativo dentro de mí es totalmente capaz de traer aquello que deseo profundamente. El Principio que me otorgó el deseo es el mismo que lo hace nacer. No existe conflicto ninguno en mi mente sobre esta cuestión.

Ahora monto el caballo blanco que es el espíritu de Dios, que se mueve por sobre las aguas de mi mente. Aparto mi atención del problema y medito sobre la realidad del deseo realizado. Ahora utilizo la Ley. Asumo la sensación de que mi plegaria ha recibido respuesta. La convierto en realidad al sentir su propia realidad. En Dios vivo, me muevo y soy; habito en este sentimiento y doy gracias.

Pasos hacia el éxito

«... que me ocupe de los asuntos de mi Padre.» Sé que mi negocio, profesión o actividad son los de Dios. Sus asuntos siempre tienen éxito. Cada día crezco en entendimiento y sabiduría. Sé, creo y acepto el hecho de que la ley Divina de abundancia siempre funciona para mí, a través de mí y en todo lo que me rodea.

Mi negocio o profesión está lleno de acciones y expresiones correctas. Las ideas, el dinero, las mercancías y los contactos que necesito son míos ahora y por siempre. Atraigo irresistiblemente todo esto por la ley universal de la atracción. Dios es la vida de mis asuntos; lo Divino me guía y me inspira en todos los sentidos. Cada día se me presentan oportunidades maravillosas para crecer, expandirme y progresar. Acumulo buena voluntad. Tengo éxito porque hago negocios con otros de la forma en que quisiera que ellos los hicieran conmigo.

El triunfo de la plegaria

Ahora me desprendo de todo; me introduzco en la comprensión de la paz, la armonía y la dicha. Dios está en todas las cosas, lo penetra todo y es todo. Vivo de manera triunfal, porque sé que el Amor Divino me guía, me dirige, me sostiene y me sana. La Presencia Inmaculada de Dios está en el mismísimo centro de mi ser; se manifiesta en cada átomo de mi cuerpo. No puede haber demoras, impedimentos ni obstrucciones para la realización del deseo de mi corazón. El Poder Absoluto de Dios ahora actúa en mi favor. «Ninguno detendrá su mano y le dirá: "¿Qué haces?"». Sé lo que quiero, mi deseo es claro y definitivo. Lo acepto por completo en mi mente. Permanezco fiel hasta el final. Me he introducido en el silencioso conocimiento interior de que mi plegaria recibe respuesta y que mi mente está en paz.

Índice